# The Eccentric Expats of Oslo: Short Stories for Norwegian Language Learners

Artici Bilingual Books

Published by Artici Bilingual Books, 2024.

While every precaution has been taken in the preparation of this book, the publisher assumes no responsibility for errors or omissions, or for damages resulting from the use of the information contained herein.

THE ECCENTRIC EXPATS OF OSLO: SHORT STORIES FOR NORWEGIAN LANGUAGE LEARNERS

**First edition. February 28, 2024.**



ISBN: 979-8224323425

Written by Artici Bilingual Books.

# Table of Contents

# Etterforskningen på Fjellstien

Det var en solfylt morgen i den lille fjellandsbyen, der de snødekte toppene glitret i det fjerne og luften var fylt med en frisk duft av grantrær. Midt i sentrum av landsbyen lå en koselig kafé, kjent som "Fjellstien Kafé", der lokalbefolkningen samlet seg for å nyte varme drikker og velsmakende bakverk.

På denne spesielle morgenen satt det en gruppe venner ved et av bordene i kafeen. De het Emma, Lars, Sofia og Henrik, og de hadde vært nære venner siden barndommen. Som et team hadde de alltid vært nysgjerrige og eventyrlystne, og denne morgenen var intet unntak.

Mens de sippet på kaffe og spiste ferske bakverk, falt blikket deres på en plakat som hang på veggen. Det var en etterlysning av en forsvunnet skatt, antatt å være gjemt et sted langs den gamle fjellstien som snirklet seg oppover fjellsiden.

"Kanskje vi burde prøve å finne skatten," sa Emma entusiastisk. "Det ville være et spennende eventyr!"

De andre nikket enige, og de bestemte seg for å sette i gang med etterforskningen umiddelbart. Etter å ha betalt for kaffen sin, forlot de kafeen og begynte å gå mot fjellstien.

Fjellstien var smal og kronglete, med bratte klipper på den ene siden og dype daler på den andre. Men det stoppet ikke vennene fra å gå videre med entusiasme. De visste at det lå et mysterium og ventet på dem, og de var fast bestemt på å løse det.

Etter en times vandring kom de til et gammelt, forlatt hus som sto ved siden av stien. Det så ut til å ha blitt forlatt i mange år, med mose som vokste på veggene og vinduene knust. Men det var noe mystisk og tiltrekkende med det, og vennene kunne ikke motstå fristelsen til å utforske nærmere.

De gikk forsiktig inn gjennom døren og ble møtt av et dunkelt, støvete interiør. Møbler sto kastet omkring, og det var spor av rot og forlatelse overalt. Men midt blant kaoset la de merke til noe som fanget oppmerksomheten deres - et gammelt skrivebord med en avlåst skuff.

Med litt innsats og en solid skulder, lyktes Lars til slutt med å bryte opp skuffen, og de fant en gammel dagbok gjemt inne. Med spenning bladde de gjennom sidene og leste om livet til husets tidligere beboere.

Dagboken tilhørte en kvinne ved navn Astrid, som hadde bodd i huset sammen med sin familie mange år tidligere. Gjennom hennes ord fikk vennene et glimt av livet på fjellet og de utfordringene familien hadde møtt.

Det var historier om tøffe vintre og magre år, men også om øyeblikk av glede og fellesskap. Astrid beskrev også en skatt som familien hadde funnet under en av deres ekspedisjoner, men som de aldri hadde klart å finne igjen etter at den hadde gått tapt i fjellet.

Vennene ble oppslukt av historiene i dagboken, og de visste at de måtte finne ut av hva som hadde skjedd med skatten. Med Astrids historie som veiledning, bestemte de seg for å fortsette etterforskningen og finne ut mer om familiens skjebne.

De dro videre langs fjellstien, og etter hvert som de kom dypere inn i fjellet, oppdaget de flere spor som ledet dem nærmere sannheten. De fant gamle kart og ledetråder som hadde blitt etterlatt av Astrid og hennes familie, og de visste at de var på rett spor.

Til slutt kom de til et sted der fjellet åpnet seg opp til en vidstrakt dal, med en vakker innsjø som lå som et speil mellom de omkringliggende toppene. Det var et magisk sted, og vennene visste at de var kommet til skattens siste hvilested.

Med hjertene bankende av spenning begynte de å grave ved bredden av innsjøen, og til slutt, etter mange timers arbeid, fant de det de hadde lett etter - skatten tilhørende Astrids familie.

Men det var ikke bare skatten de fant. Under den lå det også et brev fra Astrid selv, adressert til hvem enn som måtte finne den. I brevet delte hun sine siste ord og håp for fremtiden, og hun takket de som hadde gitt seg i kast med å løse gåten.

Med skatten funnet og Astrids historie avslørt, visste vennene at de hadde fullført sitt oppdrag. De satte seg ned ved bredden av innsjøen og så utover det majestetiske landskapet, takknemlige for opplevelsen de hadde delt og for den spennende reisen de hadde vært på sammen.

Og selv om de visste at deres eventyr på fjellstien nå var over, visste de også at de alltid ville ha minnene og båndene som bandt dem sammen, og at de alltid ville være venner som delte en uforglemmelig opplevelse.

# The Investigation on Mountain Trail

It was a sunny morning in the small mountain village, where the snow-capped peaks glistened in the distance and the air was filled with a fresh scent of pine trees. In the center of the village lay a cozy café, known as "Mountain Trail Café", where the locals gathered to enjoy hot drinks and tasty pastries.

On this particular morning, a group of friends sat at one of the tables in the café. They were named Emma, Lars, Sofia, and Henrik, and they had been close friends since childhood. As a team, they had always been curious and adventurous, and this morning was no exception.

While sipping coffee and eating fresh pastries, their eyes fell on a poster hanging on the wall. It was a notice of a missing treasure, believed to be hidden somewhere along the old mountain trail winding up the mountainside.

"Maybe we should try to find the treasure," said Emma enthusiastically. "It would be an exciting adventure!"

The others nodded in agreement, and they decided to start the investigation immediately. After paying for their coffee, they left the café and began to walk towards the mountain trail.

The mountain trail was narrow and winding, with steep cliffs on one side and deep valleys on the other. But that didn't stop the friends from moving forward with enthusiasm. They knew that there was a mystery waiting for them, and they were determined to solve it.

After an hour's walk, they reached an old, abandoned house that stood next to the trail. It looked like it had been deserted for many years, with moss growing on the walls and the windows smashed. But there was something mysterious and appealing about it, and the friends couldn't resist the temptation to explore further.

They entered cautiously through the door and were met by a dim, dusty interior. Furniture was scattered around, and there were traces of chaos and abandonment everywhere. But amidst the mess, they noticed something that caught their attention - an old desk with a locked drawer. With some effort and a sturdy shoulder, Lars finally managed to break open the drawer, and they found an old diary hidden inside. With excitement, they flipped through the pages and read about the life of the house's former inhabitants.

The diary belonged to a woman named Astrid, who had lived in the house with her family many years before. Through her words, the friends got a glimpse of life in the mountains and the challenges the family had faced.

There were stories of harsh winters and lean years, but also of moments of joy and camaraderie. Astrid also described a treasure that the family had found during one of their expeditions, but which they had never managed to find again after it had been lost in the mountains.

The friends were absorbed in the stories in the diary, and they knew that they had to find out what had happened to the treasure. With Astrid's story as their guide, they decided to continue the investigation and learn more about the family's fate.

They continued along the mountain trail, and as they delved deeper into the mountains, they discovered more clues that led them closer to the truth. They found old maps and clues that had been left behind by Astrid and her family, and they knew that they were on the right track.

Finally, they reached a place where the mountain opened up to a vast valley, with a beautiful lake lying like a mirror between the surrounding peaks. It was a magical place, and the friends knew that they had come to the treasure's final resting place.

With hearts pounding with excitement, they began to dig at the edge of the lake, and finally, after many hours of work, they found what they had been looking for - the treasure belonging to Astrid's family.

But it wasn't just the treasure they found. Underneath it lay also a letter from Astrid herself, addressed to whoever might find it. In the letter, she shared her final words and hopes for the future, and she thanked those who had taken on the challenge of solving the riddle.

With the treasure found and Astrid's story revealed, the friends knew that they had completed their mission. They sat down by the edge of the lake and looked out over the majestic landscape, grateful for the experience they had shared and for the exciting journey they had been on together.

And although they knew that their adventure on the mountain trail was now over, they also knew that they would always have the memories and the bonds that tied them together, and that they would always be friends who shared an unforgettable experience.

# Nordlysens Hemmelighet

I de dype skoger og fjellene i Nord-Norge, der vinterens kulde legger et teppe av snø over landskapet og nordlysets dansende lys lyser opp den mørke himmelen, finner vi en liten landsby som heter Bjørnstad. Dette er historien om Nordlysens Hemmelighet, en fortelling som har blitt hvisket videre fra generasjon til generasjon blant landsbyens innbyggere. Historien begynner en kald vinterkveld da nordlyset danset over himmelen og kastet sitt magiske skjær over landsbyen Bjørnstad. Landsbyen var stille og rolig, men inne i den lille hytten til en ung jente ved navn Ingrid, var det en spenning i luften. Ingrid hadde alltid vært fascinert av nordlyset og hadde drømt om å oppdage hemmelighetene bak dets skjønnhet.

En kveld, mens hun stirret opp på nordlyset gjennom vinduet på hytten sin, så Ingrid noe som fanget oppmerksomheten hennes. Midt blant de dansende lysene så hun et merkelig mønster som formet seg på himmelen. Det var som om nordlyset forsøkte å fortelle henne noe.

Fascinert og nysgjerrig bestemte Ingrid seg for å utforske nordlysets hemmelighet nærmere. Med en følelse av spenning i hjertet sitt, kledde hun seg varmt og gikk ut i den kalde vinternatten. Hun visste at hun måtte følge nordlyset dit det ledet henne, selv om det betydde å gå gjennom de dype skogene og de forblåste fjellene i Nord-Norge.

Gjennom natten vandret Ingrid gjennom den kalde og stille naturen, ført av nordlysets skiftende lys. Hun kunne kjenne den friske luften brenne i lungene sine og høre lyden av vinden som hvisket gjennom trærne. Men til tross for kulden og mørket, ga Ingrid ikke opp håpet om å finne nordlysets hemmelighet.

Etter mange timer med vandring, kom Ingrid endelig til et avsidesliggende sted dypt inne i skogen. Der, midt blant trærne og fjellene, oppdaget hun en gammel, forlatt hytte som sto som en ensom vakt over landskapet. Hun visste med en gang at dette var stedet nordlyset hadde ledet henne til, og hun følte en uforklarlig tiltrekning til det mystiske stedet.

Ingrid gikk forsiktig mot hytten og åpnet døren med en knirkende lyd. Inne fant hun seg selv i et rom badet i et svakt lys som kom fra nordlyset som danset utenfor vinduene. Rommet var fylt med gamle møbler og bøker som hadde blitt etterlatt av hyttens tidligere beboere.

Men det som fanget Ingrids oppmerksomhet mest, var en gammel bok som lå åpen på et bord i midten av rommet. Boken var fylt med gamle skrifter og tegninger av nordlyset, og Ingrid visste med en gang at dette var nøkkelen til nordlysets hemmelighet.

Med bankende hjerte og skjelvende hender, bladde Ingrid gjennom sidene av boken og leste om de gamle legender og historier som var knyttet til nordlyset. Hun lærte om hvordan nordlyset hadde blitt sett på som et tegn fra de gamle gudene og hvordan det hadde blitt ansett som et symbol på håp og magi.

Men det som overrasket Ingrid mest, var oppdagelsen av en gammel kart som viste en skjult sti som førte til et sted dypt inne i fjellene, et sted hvor nordlysets hemmelighet var sagt å bli avslørt.

Med en følelse av spenning og forventning i hjertet sitt, bestemte Ingrid seg for å følge den skjulte stien og oppdage nordlysets hemmelighet en gang for alle. Hun visste at det ville være en farlig reise, men hun var fast bestemt på å finne svarene hun søkte.

Gjennom natten vandret Ingrid gjennom de forblåste fjellene og de dype dalene, ledet av nordlysets skiftende lys og den gamle kartet som hadde blitt gitt til henne av skogen. Hun kjente frykten gnage i magen sin og tvilen som tvilte på henne sinnet sitt, men hun fortsatte likevel med mot og besluttsomhet.

Til slutt, etter mange timer med vandring, kom Ingrid til et avsidesliggende sted dypt inne i fjellene. Der, midt blant snødekte topper og gnistrende isbreer, oppdaget hun det mest fantastiske synet: en skjult dal badet i det magiske lyset fra nordlyset.

Ingrid kunne ikke tro sine egne øyne og visste at dette var stedet hun hadde søkt etter. Med hjertet som banket av spenning og glede, gikk hun mot dalen og visste at hun endelig hadde funnet nordlysets hemmelighet.

I dalen oppdaget Ingrid en gammel hule som hadde blitt skjult av snøen og isen gjennom årene. Inne i hulen fant hun et gammelt alter dedikert til de gamle gudene og en skatt av gamle skrifter og artefakter som fortalte historien om nordlysets magiske kraft.

Som hun stirret opp på nordlyset som danset over himmelen utenfor hulen, visste Ingrid at hennes reise hadde ført henne til et sted av uvurderlig betydning. Hun hadde funnet nordlysets hemmelighet og oppdaget den magiske kraften som lå skjult innenfor.

Med et smil på leppene og et hjerte fullt av takknemlighet, forlot Ingrid dalen og vendte tilbake til landsbyen Bjørnstad. Hun visste at selv om nordlysets hemmelighet var blitt avslørt for henne, ville hennes kjærlighet til naturen og eventyret alltid brenne sterkt i hjertet hennes, som en evig kilde til glede og inspirasjon.

# The Secret of the Northern Lights

In the deep forests and mountains of Northern Norway, where the winter cold blankets the landscape with snow and the dancing lights of the Northern Lights illuminate the dark sky, we find a small village called Bjørnstad. This is the story of The Secret of the Northern Lights, a tale that has been whispered from generation to generation among the villagers.

The story begins on a cold winter evening when the Northern Lights danced across the sky and cast its magical glow over the village of Bjørnstad. The village was quiet and still, but inside the small cabin of a young girl named Ingrid, there was an excitement in the air. Ingrid had always been fascinated by the Northern Lights and had dreamed of discovering the secrets behind its beauty.

One evening, as she gazed up at the Northern Lights through the window of her cabin, Ingrid saw something that caught her attention. Amidst the dancing lights, she saw a strange pattern forming in the sky. It was as if the Northern Lights were trying to tell her something.

Fascinated and curious, Ingrid decided to explore the secret of the Northern Lights further. With a sense of excitement in her heart, she bundled up warmly and ventured out into the cold winter night. She knew she had to follow the Northern Lights to where they led her, even if it meant trekking through the deep forests and windswept mountains of Northern Norway.

Throughout the night, Ingrid wandered through the cold and silent wilderness, guided by the shifting lights of the Northern Lights. She could feel the crisp air burning in her lungs and hear the sound of the wind whispering through the trees. But despite the cold and darkness, Ingrid did not give up hope of finding the secret of the Northern Lights.

After many hours of wandering, Ingrid finally reached a secluded spot deep in the forest. There, amidst the trees and mountains, she discovered an old, abandoned cabin standing like a lonely sentinel over the landscape. She knew at once that this was the place the Northern Lights had led her to, and she felt an inexplicable attraction to the mysterious location.

Ingrid cautiously approached the cabin and opened the door with a creaking sound. Inside, she found herself in a room bathed in a faint light coming from the Northern Lights dancing outside the windows. The room was filled with old furniture and books left behind by the cabin's former inhabitants.

But what caught Ingrid's attention most was an old book lying open on a table in the center of the room. The book was filled with ancient writings and drawings of the Northern Lights, and Ingrid knew at once that this was the key to the secret of the Northern Lights.

With a pounding heart and trembling hands, Ingrid flipped through the pages of the book and read about the ancient legends and stories associated with the Northern Lights. She learned about how the Northern Lights had been seen as a sign from the ancient gods and how it had been regarded as a symbol of hope and magic.

But what surprised Ingrid most was the discovery of an old map showing a hidden path leading to a place deep in the mountains, a place where the secret of the Northern Lights was said to be revealed.

With a sense of excitement and anticipation in her heart, Ingrid decided to follow the hidden path and discover the secret of the Northern Lights once and for all. She knew it would be a dangerous journey, but she was determined to find the answers she sought.

Throughout the night, Ingrid trekked through the windswept mountains and deep valleys, guided by the shifting lights of the Northern Lights and the ancient map given to her by the forest. She felt the fear gnawing in her stomach and the doubt creeping into her mind, but she pressed on with courage and determination.

Finally, after many hours of trekking, Ingrid reached a secluded spot deep in the mountains. There, amidst the snow-capped peaks and glistening glaciers, she discovered the most amazing sight: a hidden valley bathed in the magical light of the Northern Lights.

Ingrid could not believe her eyes and knew that this was the place she had been searching for. With her heart pounding with excitement and joy, she approached the valley and knew that she had finally found the secret of the Northern Lights.

In the valley, Ingrid discovered an old cave that had been hidden by the snow and ice over the years. Inside the cave, she found an old altar dedicated to the ancient gods and a treasure trove of ancient writings and artifacts that told the story of the magical power of the Northern Lights. As she gazed up at the Northern Lights dancing across the sky outside the cave, Ingrid knew that her journey had led her to a place of priceless significance. She had found the secret of the Northern Lights and discovered the magical power hidden within.

With a smile on her lips and a heart full of gratitude, Ingrid left the valley and returned to the village of Bjørnstad. She knew that even though the secret of the Northern Lights had been revealed to her, her love for nature and adventure would always burn brightly in her heart, like an eternal source of joy and inspiration.

# Sjøen Sanger

I den lille kystlandsbyen Sandvik, som lå ved bredden av en vidstrakt og mektig hav, levde en ung kvinne ved navn Signe. Signe var en drømmer, en som alltid hadde følt en dyp forbindelse med havet og dets mystiske skjønnhet. Hun tilbrakte timer ved stranden, lyttende til bølgenes sang og drømmende om fjerne horisonter.

En solrik dag, da havet lå stille og blankt som en polert perle, bestemte Signe seg for å ta båten sin ut på en rolig tur. Med årer som skar gjennom vannet og solen som kastet glitrende refleksjoner over bølgene, la hun ut på reisen ut i det åpne havet.

Mens hun rodde, lot Signe tankene flyte fritt og følte en følelse av fred og frihet som bare havet kunne gi henne. Hun lyttet til lyden av bølgene som slo mot båten og kjente vinden som lekte med håret hennes mens hun nærmet seg et lite, bortgjemt skjær som steg opp fra havet som en søyle av stein.

Da hun nærmet seg skjæret, la Signe merke til en ensom figur som stod ved kysten og stirret utover havet. Det var en ung mann med krøllete hår og et blikk som virket å søke etter noe langt borte. Signe rodde nærmere, nysgjerrig på hvem han kunne være.

"God dag," sa Signe vennlig da hun nådde land. "Er du også her for å beundre havets skjønnhet?"

Mannen snudde seg og møtte blikket hennes med et vennlig smil. "Ja, det er jeg," svarte han. "Jeg heter Magnus. Jeg er en musiker, og jeg søker inspirasjon fra havet og dets sanger."

"Hyggelig å møte deg, Magnus. Jeg heter Signe," sa Signe og smilte tilbake. "Vil du være med på en tur i båten min? Vi kan utforske havet sammen."

Magnus nikket ivrig, og snart satt de to avsted på en reise ut i det åpne havet. Mens de rodde, begynte Magnus å synge en vakker melodi som flettet seg sammen med lyden av bølgene og vinden. Stemmen hans var som en bris over havet, og Signe lyttet med beundring til tonene som fylte luften.

Etter en stund begynte Magnus å fortelle Signe historier om sitt liv og hans kjærlighet til musikk og havet. Han hadde reist langt og bredt, og hadde opplevd utallige eventyr langs kysten og på de fjerne øyene. Signe lyttet fascinert til hvert ord og kjente en dyp respekt for den unge musikeren og hans lidenskap for det uendelige havet.

Plutselig, midt ute på havet, begynte bølgene å stige, og himmelen ble mørkere. Signe og Magnus så seg rundt og innså at de var fanget i en plutselig storm. Bølgene slo mot båten med voldsom kraft, og vinden rev i seilet som en rasende stormkonge.

Men til tross for stormen, forble Magnus rolig og besluttsom. Han tok tak i årer og styrte båten mot det nærmeste skjæret, hvor de kunne finne ly og vente til stormen hadde passert.

Med Magnus' dyktighet og Signes mot, klarte de å manøvrere båten trygt til skjæret, hvor de fant ly under en overhengende klippe. Der ventet de ut stormen, lyttende til de brølende bølgene og vinden som suset gjennom klippene.

Etter hvert som stormen avtok og himmelen klarnet, kunne Signe og Magnus endelig puste lettet ut. De så ut over havet, takknemlige for å ha overlevd naturens voldsomme krefter og styrket av båndet som hadde vokst mellom dem i løpet av de utfordrende timene til sjøs.

Da de rolig rodde tilbake til landsbyen, visste Signe og Magnus at de hadde opplevd noe helt spesielt sammen. De hadde blitt venner gjennom prøvelsene til havet, og deres vennskap ville være like sterkt som de uendelige bølgene som rullet inn fra horisonten.

Og så, med en følelse av takknemlighet og respekt for havet og dets uendelige skjønnhet, fortsatte Signe og Magnus å utforske de mange sanger og historier som lå gjemt under havets overflate, og sangene deres ville for alltid bli en hyllest til den mystiske kraften til havet og dets uendelige skjønnhet.

# Songs of the Sea

In the small coastal village of Sandvik, nestled by the shores of a vast and mighty ocean, lived a young woman named Signe. Signe was a dreamer, someone who had always felt a deep connection to the sea and its mysterious beauty. She spent hours at the beach, listening to the song of the waves and dreaming of distant horizons.

One sunny day, when the sea lay calm and smooth as polished pearl, Signe decided to take her boat out for a leisurely sail. With oars slicing through the water and the sun casting glittering reflections over the waves, she set out on her journey into the open sea.

As she rowed, Signe let her thoughts wander freely, feeling a sense of peace and freedom that only the sea could give her. She listened to the sound of the waves lapping against the boat and felt the wind playing with her hair as she approached a small, secluded rock rising from the sea like a column of stone.

As she neared the rock, Signe noticed a solitary figure standing on the shore, gazing out over the sea. It was a young man with curly hair and a look that seemed to be searching for something far away. Signe rowed closer, curious about who he might be.

"Good day," Signe said kindly as she reached land. "Are you also here to admire the beauty of the sea?"

The man turned and met her gaze with a friendly smile. "Yes, I am," he replied. "My name is Magnus. I'm a musician, and I seek inspiration from the sea and its songs."

"Pleasure to meet you, Magnus. I'm Signe," Signe said, smiling back. "Would you like to join me for a ride in my boat? We can explore the sea together."

Magnus nodded eagerly, and soon the two of them set off on a journey into the open sea. As they rowed, Magnus began to sing a beautiful melody that intertwined with the sound of the waves and the wind. His voice was like a breeze over the sea, and Signe listened with admiration to the tones filling the air.

After a while, Magnus began to tell Signe stories about his life and his love for music and the sea. He had traveled far and wide, and had experienced countless adventures along the coast and on the distant islands. Signe listened fascinated to every word, feeling a deep respect for the young musician and his passion for the boundless sea.

Suddenly, out on the sea, the waves began to rise, and the sky grew darker. Signe and Magnus looked around and realized they were caught in a sudden storm. The waves crashed against the boat with violent force, and the wind tore at the sail like a raging storm king.

But despite the storm, Magnus remained calm and determined. He took hold of the oars and steered the boat towards the nearest rock, where they could find shelter and wait for the storm to pass.

With Magnus' skill and Signe's courage, they managed to maneuver the boat safely to the rock, where they found shelter under an overhanging cliff. There, they waited out the storm, listening to the roaring waves and the wind whistling through the rocks.

As the storm subsided and the sky cleared, Signe and Magnus could finally breathe a sigh of relief. They looked out over the sea, grateful to have survived the violent forces of nature and strengthened by the bond that had grown between them during the challenging hours at sea.

As they peacefully rowed back to the village, Signe and Magnus knew they had experienced something truly special together. They had become friends through the trials of the sea, and their friendship would be as strong as the endless waves rolling in from the horizon.

And so, with a sense of gratitude and respect for the sea and its infinite beauty, Signe and Magnus continued to explore the many songs and stories hidden beneath the sea's surface, and their songs would forever be a tribute to the mysterious power of the sea and its endless beauty.

# Ekko av Eleganse

I den vakre byen Oslo, med sine brosteinsbelagte gater og majestetiske arkitektur, lå det et lite antikvitetsbutikk ved navn "Ekko av Eleganse". Butikken ble drevet av en eldre dame ved navn Ingrid, som hadde en lidenskap for historiske gjenstander og en ømhet for gamle minner.

Ingrid hadde alltid vært fascinert av historien som var vevd inn i hver eneste gjenstand hun kom over. Hun elsket å grave gjennom gamle skuffer og skap, på jakt etter skatter fra fortiden som hadde blitt glemt av tiden.

En dag, mens hun gikk gjennom de trange gangene i butikken sin, la Ingrid merke til en gammel kiste som hadde blitt gjemt bort i et hjørne. Den var dekket av støv og så ut til å ha blitt glemt av verden.

Nysgjerrig på hva som kunne være inne i kisten, åpnet Ingrid den forsiktig og begynte å grave gjennom innholdet. Der inne fant hun en skattkiste av gamle smykker, brosjer og armbånd som glitret i lyset fra butikkens vinduer.

Men det var én gjenstand som skilte seg ut blant de andre - en vakker krystallvase med intrikate mønstre og en aura av eleganse som omga den. Ingrid kunne føle historien som var inngravert i hver eneste krystall, og hun visste at dette var noe spesielt.

Med et glimt av oppdagelsens glede i øynene sine, bestemte Ingrid seg for å finne ut mer om vasens opprinnelse. Hun begynte å spørre rundt i byen, snakket med lokale historikere og eldste beboere, i håp om å finne noen som kunne kjenne igjen vasen eller kanskje til og med kjenne til dens historie.

Etter mye søken og etterforskning, kom Ingrid til slutt over noen ledetråder som førte henne tilbake i tid. Hun oppdaget at vasen hadde tilhørt en velstående familie som hadde bodd i Oslo på 1800-tallet, og den hadde en lang historie med å være en del av overdådige middager og elegante sammenkomster.

Ingrid ble fascinert av tanken på vasens fortid og bestemte seg for å grave dypere. Hun begynte å undersøke familiearkiver og gamle dagbøker, i håp om å finne ut mer om vasens historie og hvordan den hadde havnet i hennes hender.

Etter mange timer med forskning og etterforskning, kom Ingrid endelig over den siste puslespillbiten. Hun oppdaget at vasen hadde blitt gitt som en gave til en ung kvinne ved navn Elisabeth, som hadde vært den yngste datteren i den velstående familien.

Elisabeth hadde vært en lidenskapelig kunstner, og hun hadde brukt vasen som inspirasjon til sine mesterverk. Hun hadde malt den vakre krystallstrukturen med akvarellfarger og skapt et kunstverk som hadde fanget essensen av eleganse og skjønnhet.

Rørt av historien om Elisabeth og vasen hennes, bestemte Ingrid seg for å hedre hennes minne ved å fortsette å dele vasens skjønnhet med verden. Hun visste nå at det ikke bare var gjenstandens fysiske skjønnhet som gjorde den verdifull, men historien og arven den bar med seg.

Så, med en følelse av takknemlighet i hjertet sitt, fortsatte Ingrid å dele "Ekko av Eleganse" med verden. Hun visste at selv om tiden kunne glemme de som hadde levd før oss, ville deres historier alltid leve videre gjennom de vakre gjenstandene de etterlot seg bak.

# Echoes of Elegance

In the beautiful city of Oslo, with its cobblestone streets and majestic architecture, there was a small antique shop named "Echoes of Elegance." The shop was run by an elderly lady named Ingrid, who had a passion for historical objects and a fondness for old memories.

Ingrid had always been fascinated by the history woven into every object she came across. She loved digging through old drawers and cabinets, searching for treasures from the past that had been forgotten by time.

One day, while she was walking through the narrow aisles of her shop, Ingrid noticed an old chest that had been tucked away in a corner. It was covered in dust and looked as if it had been forgotten by the world.

Curious about what might be inside the chest, Ingrid opened it carefully and began to sift through the contents. Inside, she found a treasure trove of old jewelry, brooches, and bracelets that glittered in the light from the shop's windows.

But there was one item that stood out among the others - a beautiful crystal vase with intricate patterns and an aura of elegance surrounding it. Ingrid could feel the history engraved in every crystal, and she knew that this was something special.

With a glint of discovery in her eyes, Ingrid decided to find out more about the vase's origins. She began asking around the city, talking to local historians and elderly residents, hoping to find someone who might recognize the vase or perhaps even know its history.

After much searching and investigating, Ingrid finally came across some clues that led her back in time. She discovered that the vase had belonged to a wealthy family who had lived in Oslo in the 19th century, and it had a long history of being part of lavish dinners and elegant gatherings.

Ingrid was fascinated by the thought of the vase's past and decided to dig deeper. She began researching family archives and old diaries, hoping to learn more about the vase's history and how it had come into her hands.

After many hours of research and investigation, Ingrid finally came across the final piece of the puzzle. She discovered that the vase had been given as a gift to a young woman named Elisabeth, who had been the youngest daughter in the wealthy family.

Elisabeth had been a passionate artist, and she had used the vase as inspiration for her masterpieces. She had painted the beautiful crystal structure with watercolor paints and created a work of art that had captured the essence of elegance and beauty.

Moved by the story of Elisabeth and her vase, Ingrid decided to honor her memory by continuing to share the vase's beauty with the world. She now knew that it wasn't just the physical beauty of the object that made it valuable, but the history and heritage it carried with it.

So, with a sense of gratitude in her heart, Ingrid continued to share "Echoes of Elegance" with the world. She knew that even though time might forget those who had lived before us, their stories would always live on through the beautiful objects they left behind.

# Den Vandrende Tømreren

I den lille landsbyen Nøstet, omgitt av grønne enger og rolige skoger, bodde det en tømrer ved navn Lars. Lars var en stille og hardtarbeidende mann som elsket sitt håndverk og nøt å tilbringe dagene med å skape vakre møbler og hus til landsbyens innbyggere.

Men til tross for sin kjærlighet til tømrerarbeidet, hadde Lars alltid hatt en lengsel etter eventyr og utforskning. Han drømte om å reise og se verden utenfor landsbyens grenser, å oppleve nye kulturer og møte nye mennesker.

En dag, da solen skinte sterkt over landsbyen og det var en følelse av spenning i luften, bestemte Lars seg for å følge hjertet sitt og legge ut på sitt eget eventyr. Han pakkede sammen noen enkle eiendeler, sa farvel til landsbyen og begynte å vandre langs stiene som førte ut i den store verden.

På sin reise møtte Lars mange forskjellige mennesker og opplevde mange spennende eventyr. Han hjalp en bonde med å reparere et falmet gjerde, bygde et lite skur for en ensom gammel kvinne og lærte seg å fiske av en vennlig fisker ved en stille innsjø.

Men til tross for alle de spennende opplevelsene, lengtet Lars alltid tilbake til tømrerarbeidet sitt. Han savnet følelsen av tre under fingrene og lukten av spon som fløy gjennom luften. Han visste at uansett hvor langt han reiste, ville hans lidenskap for håndverket aldri forsvinne.

En dag, mens han vandret gjennom en skogkledd dal, kom Lars over en liten landsby som var i desperat behov for en tømrer. Husene var slitte og forfalne, og innbyggerne så ut til å ha gitt opp håpet om å få dem reparert.

Med et smil på leppene og en følelse av glede i hjertet sitt, bestemte Lars seg for å tilby sin hjelp til landsbyen. Han slo leir ved kanten av skogen og begynte å jobbe med å reparere husene og bygge nye strukturer for innbyggerne.

Etter hvert som dagene gikk, begynte Lars å bli kjent med de forskjellige menneskene i landsbyen. Han hørte deres historier og delte sine egne, og han ble raskt en kjær venn og støtte for dem alle.

Men selv om han hadde funnet lykke og tilfredshet i å hjelpe landsbyen, visste Lars at han ikke kunne bli for alltid. Hans hjerte lengtet fremdeles etter eventyr og utforskning, og han visste at det var på tide å fortsette sin vandring gjennom verden.

Med tungt hjerte sa Lars farvel til landsbyen og de menneskene han hadde kommet til å sette pris på så dypt. Han lovet å komme tilbake en dag og fortsatte sin vandring langs stiene, klar til å møte de neste eventyrene som ventet ham.

Og selv om han aldri glemte landsbyen i Nøstet og de menneskene han hadde møtt der, visste Lars at hans plass var ute i verden, hvor han kunne fortsette å følge sin lidenskap og søke etter nye eventyr rundt hvert hjørne.

# The Wandering Carpenter

In the small village of Nøstet, surrounded by green meadows and tranquil forests, lived a carpenter named Lars. Lars was a quiet and hardworking man who loved his craft and enjoyed spending his days creating beautiful furniture and houses for the villagers.

But despite his love for carpentry, Lars had always harbored a longing for adventure and exploration. He dreamed of traveling and seeing the world beyond the village borders, experiencing new cultures, and meeting new people.

One day, when the sun was shining brightly over the village and there was a sense of excitement in the air, Lars decided to follow his heart and embark on his own adventure. He packed up some simple belongings, bid farewell to the village, and began to wander along the paths that led out into the great world.

On his journey, Lars met many different people and experienced many exciting adventures. He helped a farmer repair a faded fence, built a small shed for a lonely old woman, and learned to fish from a friendly fisherman by a quiet lake.

But despite all the exciting experiences, Lars always longed to return to his carpentry work. He missed the feeling of wood under his fingers and the smell of sawdust flying through the air. He knew that no matter how far he traveled, his passion for the craft would never disappear.

One day, while wandering through a forested valley, Lars came across a small village that was in desperate need of a carpenter. The houses were worn down and dilapidated, and the villagers seemed to have given up hope of getting them repaired.

With a smile on his lips and a sense of joy in his heart, Lars decided to offer his help to the village. He set up camp at the edge of the forest and began to work on repairing the houses and building new structures for the villagers.

As the days went by, Lars began to get to know the different people in the village. He heard their stories and shared his own, and he quickly became a beloved friend and support for them all.

But even though he had found happiness and satisfaction in helping the village, Lars knew that he could not stay forever. His heart still longed for adventure and exploration, and he knew that it was time to continue his wandering through the world.

With a heavy heart, Lars bid farewell to the village and the people he had come to appreciate so deeply. He promised to return one day and continued his journey along the paths, ready to meet the next adventures that awaited him.

And even though he never forgot the village of Nøstet and the people he had met there, Lars knew that his place was out in the world, where he could continue to follow his passion and seek out new adventures around every corner.

# Appelsiner og Sitroner

I den lille landsbyen Skogheim, omgitt av frodige frukthager og duftende blomsterenger, bodde det en ung kvinne ved navn Ingrid. Hun hadde arvet familiens gård og tilbrakte dagene med å stelle hagen og ta vare på de vakre frukttrærne som hadde stått der i generasjoner.

Hver morgen våknet Ingrid til lyden av fuglesang og lukten av modne frukter som hang tungt fra grenene. Hun elsket å vandre gjennom hagen og plukke ferske appelsiner og sitroner, og hun visste at det var hennes ansvar å ta vare på familiens arv.

Men til tross for hennes kjærlighet til gården og hagen, følte Ingrid seg noen ganger ensom. Hun lengtet etter selskap og drømte om å finne noen å dele livet sitt med - noen som kunne glede seg over de enkle gledene ved å leve på landet.

En dag, mens hun vandret gjennom hagen og plukket appelsiner og sitroner, hørte Ingrid plutselig lyden av en stemme som sang i det fjerne. Hun snudde seg rundt og så en ung mann som kom vandrende gjennom frukthagen, med et smil på leppene og en pose full av frukt i hånden.

Ingrid ble overrasket av synet av mannen og lurte på hvordan han hadde funnet veien til gården hennes. Men før hun kunne spørre ham om det, begynte han å snakke med henne, og hun ble øyeblikkelig fascinert av hans livlige personlighet og varme smil.

Mannen het Markus, og han hadde vandret gjennom landsbygda på jakt etter arbeid. Han fortalte Ingrid om sin lidenskap for frukttrær og om hvordan han hadde lært seg å dyrke dem fra sin bestefar da han var liten gutt.

Ingrid og Markus tilbrakte resten av dagen sammen, vandrende gjennom hagen og snakket om alt mellom himmel og jord. De delte historier og drømmer, og gradvis begynte de å bli forelsket i hverandre.

Men som alle gode historier, var deres ikke uten utfordringer. For selv om de var dypt forelsket, visste de også at de kom fra to forskjellige verdener. Ingrid var bundet til gården og hagen, mens Markus drømte om å reise og utforske verden utenfor landsbyens grenser.

De visste at de måtte ta et valg - om de skulle følge sine egne drømmer eller om de skulle velge kjærligheten. Det var ikke enkelt, men til slutt bestemte de seg for å følge sine hjerter og la kjærligheten lede veien.

Sammen la de ut på en reise gjennom landsbygda, plukkende appelsiner og sitroner og utforske nye steder og opplevelser. De møtte mange forskjellige mennesker og opplevde mange eventyr sammen, alltid sammen og alltid forelsket.

Og selv om veien ikke alltid var lett, visste de at så lenge de hadde hverandre, ville de alltid være lykkelige. For kjærligheten deres var som appelsiner og sitroner - søt og syrlig på samme tid, men alltid en kilde til glede og lykke i livet deres.

# Oranges and Lemons

In the small village of Skogheim, surrounded by lush orchards and fragrant flower meadows, lived a young woman named Ingrid. She had inherited the family farm and spent her days tending to the garden and taking care of the beautiful fruit trees that had stood there for generations.

Every morning, Ingrid woke up to the sound of birdsong and the scent of ripe fruit hanging heavily from the branches. She loved wandering through the garden and picking fresh oranges and lemons, knowing that it was her responsibility to preserve the family's heritage.

But despite her love for the farm and the garden, Ingrid sometimes felt lonely. She longed for companionship and dreamed of finding someone to share her life with - someone who could enjoy the simple joys of living in the countryside.

One day, as she wandered through the garden picking oranges and lemons, Ingrid suddenly heard the sound of a voice singing in the distance. She turned around and saw a young man walking through the orchard, with a smile on his lips and a bag full of fruit in his hand.

Ingrid was surprised by the sight of the man and wondered how he had found his way to her farm. But before she could ask him about it, he started talking to her, and she was immediately fascinated by his lively personality and warm smile.

The man's name was Markus, and he had been wandering through the countryside in search of work. He told Ingrid about his passion for fruit trees and how he had learned to cultivate them from his grandfather when he was a young boy.

Ingrid and Markus spent the rest of the day together, wandering through the garden and talking about everything under the sun. They shared stories and dreams, and gradually they began to fall in love with each other.

But like all good stories, theirs was not without challenges. For even though they were deeply in love, they also knew that they came from two different worlds. Ingrid was tied to the farm and the garden, while Markus dreamed of traveling and exploring the world beyond the village borders.

They knew they had to make a choice - whether to follow their own dreams or whether to choose love. It wasn't easy, but in the end, they decided to follow their hearts and let love lead the way.

Together, they set out on a journey through the countryside, picking oranges and lemons and exploring new places and experiences. They met many different people and had many adventures together, always together and always in love.

And even though the road was not always easy, they knew that as long as they had each other, they would always be happy. For their love was like oranges and lemons - sweet and sour at the same time, but always a source of joy and happiness in their lives.

# En Norsk Fortelling

Det var en gang, i en liten bygd ved foten av majestetiske fjell og ved bredden av en dypblå innsjø, levde det en ung mann ved navn Anders. Han bodde alene i et lite rødmalt hus omgitt av frodige skoger og bølgende jorder. Anders var en stille sjel, som likte å tilbringe dagene med å male landskap og lytte til lyden av fuglesang som danset gjennom trærne.

Men en dag, da solen skinte klart på himmelen og luften var fylt med duften av nyslått gress, bestemte Anders seg for å legge ut på et eventyr. Han hadde hørt historier om en magisk dal, skjult dypt inne i fjellene, hvor blomster blomstret året rundt og dyrene snakket menneskelig språk. Selv om han visste at det kunne være bare eventyr, kunne han ikke motstå fristelsen til å finne ut selv.

Med et lett hjerte og en sekk full av proviant, bega Anders seg ut på reisen gjennom de skogkledde dalene og langs de brusende elvene. Han krysset høyder og dalbunner, følgende en sti som virket å bli tynnere og tynnere for hvert skritt. Men Anders ga ikke opp håpet. Han visste at hvis han bare fortsatte å følge stien, ville han til slutt finne veien til den magiske dalen.

Etter mange dagers vandring, da solen begynte å synke bak de fjerne fjelltoppene, stod Anders endelig ved kanten av dalen han hadde lett etter. Det var som om han hadde trådt inn i en annen verden. Blomster i alle farger og former prydet bakken, og fuglesangen var søtere enn noe han hadde hørt før. Men det som virkelig overrasket Anders, var synet av dyrene som vandret fritt gjennom dalen, snakket og lo som om de var mennesker.

Anders ble overveldet av glede og forundring over det han hadde oppdaget. Han tilbrakte dagene med å utforske dalen, bli kjent med dyrene og lære deres historier og visdom. Han lærte å snakke med fuglene og danse med ekornene under stjernene. Og mens tiden gikk, ble Anders og dyrene nære venner, bundet sammen av et usynlig bånd av kjærlighet og vennskap.

Men som alle eventyr, måtte Anders til slutt vende tilbake til virkeligheten. Med et tungt hjerte sa han farvel til dalen og dyrene, lover å komme tilbake en dag for å besøke dem igjen. Og selv om han aldri glemte sitt eventyr i den magiske dalen, visste Anders at det virkelige eventyret var det livet han levde, fylt med kjærlighet, vennskap og den evige jakten på magi og mirakler i verden rundt ham.

# A Norwegian Tale

Once upon a time, in a small village at the foot of majestic mountains and by the shores of a deep blue lake, there lived a young man named Anders. He lived alone in a small red house surrounded by lush forests and rolling fields. Anders was a quiet soul, who enjoyed spending his days painting landscapes and listening to the sound of birdsong dancing through the trees.

But one day, when the sun was shining brightly in the sky and the air was filled with the scent of freshly cut grass, Anders decided to embark on an adventure. He had heard tales of a magical valley, hidden deep within the mountains, where flowers bloomed year-round and the animals spoke human language. Although he knew it could be just tales, he couldn't resist the temptation to find out for himself.

With a light heart and a pack full of provisions, Anders set out on the journey through the wooded valleys and along the rushing rivers. He crossed heights and valleys, following a path that seemed to grow thinner and thinner with every step. But Anders did not give up hope. He knew that if he just kept following the path, he would eventually find his way to the magical valley.

After many days of wandering, as the sun began to sink behind the distant peaks, Anders finally stood at the edge of the valley he had been seeking. It was as if he had stepped into another world. Flowers of all colors and shapes adorned the ground, and the birdsong was sweeter than anything he had heard before. But what truly surprised Anders was the sight of the animals wandering freely through the valley, speaking and laughing as if they were humans.

Anders was overwhelmed with joy and wonder at what he had discovered. He spent his days exploring the valley, getting to know the animals, and learning their stories and wisdom. He learned to speak with the birds and dance with the squirrels under the stars. And as time passed, Anders and the animals became close friends, bound together by an invisible bond of love and friendship.

But like all adventures, Anders eventually had to return to reality. With a heavy heart, he bid farewell to the valley and the animals, promising to come back one day to visit them again. And although he never forgot his adventure in the magical valley, Anders knew that the real adventure was the life he lived, filled with love, friendship, and the eternal pursuit of magic and miracles in the world around him.

# De Eksentriske Utvandrerne i Oslo

I hjertet av Oslo, blandt de brosteinsbelagte gatene og de fargerike husene langs elven, levde en mangfoldig gruppe av eksentriske utvandrere. Disse var et unikt samfunn av individer fra fjerne land, som hadde funnet sitt hjem i Norges hovedstad og som brakte med seg en fargerik blanding av kulturer, tradisjoner og rare vaner.

Historien begynner på en regntung dag i byens pulserende sentrum. Vinduene på kafeene var duggede og gatene glitret i det svake lyset fra gatelyktene. Blant de travle gatene og de travle menneskene gikk en ung kvinne ved navn Sofia. Hun var en amerikansk kunstner som hadde flyttet til Oslo i håp om å finne inspirasjon i den nordiske skjønnheten og kreativiteten.

Mens Sofia vandret gjennom de brosteinsbelagte gatene, ble hun tiltrukket av et gammelt bokantikvariat som lå gjemt bak en smal sidegate. Med nysgjerrighet i hjertet gikk hun inn, og der inne ble hun møtt av en overflod av bøker som strakte seg fra gulv til tak. Det var som om hun hadde oppdaget en skattkiste av litterære skatter.

Men det som virkelig fanget hennes oppmerksomhet, var ikke bøkene, men menneskene som drev butikken. Det var en eldre herre ved navn Lars, en norsk filosof som hadde en uendelig kunnskap om litteratur og et brennende ønske om å dele den med verden. Ved siden av ham sto en livlig dame ved navn Anna, en tidligere operasangerinne fra Italia, som hadde funnet et nytt hjem i Oslo og en ny lidenskap for litteratur.

Sofia ble øyeblikkelig dratt inn i deres verden av bøker, filosofi og kultur. Hun tilbrakte dagene med å utforske butikken sammen med Lars og Anna, lyttet til deres historier og delte sine egne. Sammen dannet de en uventet trio av litterære sjeler som vandret gjennom Oslos gater, diskuterte alt fra Dostojevskij til Dickens og utforsket byens skjulte perler.

Men det var ikke bare Lars og Anna som var en del av det eksentriske samfunnet av utvandrere i Oslo. Langs elvebredden bodde en engelsk eksentrisk kunstner ved navn Henry, som malte fargerike landskap og solgte dem på markedet hver lørdag. På den andre siden av byen bodde en japansk zen-mester ved navn Akira, som holdt meditasjonskurs for de som søkte indre ro midt i den hektiske byen.

Sammen dannet disse karakterene et unikt samfunn av utvandrere, hver med sin egen historie og sitt eget bidrag til Oslos rike kulturliv. Gjennom deres møter, diskusjoner og eventyr lærte de ikke bare om hverandre, men også om seg selv og verden rundt dem.

På en varm sommerdag, da solen skinte klart over byen og gatene var fylt med liv og latter, samlet de seg alle sammen på en liten kafé ved elvebredden. Der satt de og delte historier, drømmer og latter, og lovet å fortsette å utforske Oslos skjulte skatter sammen.

For selv om de kom fra forskjellige land og bakgrunner, var de alle bundet sammen av sin kjærlighet til Oslo og deres felles lidenskap for kunst, litteratur og livets mange mysterier. Og som solen sank bak horisonten og natten falt over byen, visste de at de hadde funnet sitt hjem i Oslos hjerte, blant de eksentriske utvandrerne som gjorde byen til sitt eget.

# The Eccentric Expats of Oslo

In the heart of Oslo, amidst the cobblestone streets and the colorful houses along the river, lived a diverse group of eccentric expatriates. These were a unique community of individuals from distant lands, who had found their home in the capital of Norway, bringing with them a colorful mix of cultures, traditions, and peculiar habits.

The story begins on a rainy day in the city's bustling center. The windows of the cafes were fogged, and the streets glistened in the faint light from the street lamps. Among the busy streets and bustling people walked a young woman named Sofia. She was an American artist who had moved to Oslo in hopes of finding inspiration in the Nordic beauty and creativity.

As Sofia wandered through the cobblestone streets, she was drawn to an old book antiquarian tucked away behind a narrow side street. With curiosity in her heart, she entered, and inside, she was greeted by an abundance of books stretching from floor to ceiling. It was as if she had stumbled upon a treasure trove of literary treasures.

But what truly captured her attention was not the books, but the people running the shop. There was an elderly gentleman named Lars, a Norwegian philosopher with an endless knowledge of literature and a burning desire to share it with the world. Beside him stood a lively lady named Anna, a former opera singer from Italy, who had found a new home in Oslo and a new passion for literature.

Sofia was instantly drawn into their world of books, philosophy, and culture. She spent her days exploring the shop with Lars and Anna, listening to their stories, and sharing her own. Together, they formed an unexpected trio of literary souls wandering through the streets of Oslo, discussing everything from Dostoevsky to Dickens and exploring the city's hidden gems.

But Lars and Anna were not the only ones who were part of the eccentric community of expatriates in Oslo. Along the riverbank lived an English eccentric artist named Henry, who painted colorful landscapes and sold them at the market every Saturday. On the other side of the city lived a Japanese Zen master named Akira, who held meditation classes for those seeking inner peace amidst the bustling city.

Together, these characters formed a unique community of expatriates, each with their own story and contribution to Oslo's rich cultural life. Through their meetings, discussions, and adventures, they learned not only about each other but also about themselves and the world around them.

On a warm summer day, as the sun shone brightly over the city and the streets were filled with life and laughter, they all gathered at a small café by the riverbank. There, they sat and shared stories, dreams, and laughter, promising to continue exploring Oslo's hidden treasures together.

For even though they came from different countries and backgrounds, they were all bound together by their love for Oslo and their shared passion for art, literature, and the many mysteries of life. And as the sun set behind the horizon and night fell over the city, they knew that they had found their home in the heart of Oslo, among the eccentric expatriates who made the city their own.

# Den late isbjørnen

Langt borte i de iskalde vidder av Arktis, hvor isfjellene glitrer i solskinnet og nordlyset danser over himmelen om natten, levde det en isbjørn ved navn Bjørn. Men Bjørn var ikke som de andre isbjørnene i området. Mens de andre var travle med å jakte på sel og utforske de snødekte isbreene, foretrakk Bjørn å tilbringe dagene sine liggende på en isflak, og nyte den kalde brisen og solens varme stråler.

Bjørns venner og familie ristet på hodet av ham og kalte ham den late isbjørnen. De kunne ikke forstå hvorfor han ikke deltok i jakten eller hjalp til med å beskytte territoriet deres. Men for Bjørn var det ingenting som kunne få ham til å forlate sitt kjære isflak.

En dag, mens Bjørn lå og duppet av i solen, hørte han en svak stemme som kallet hans navn. Han åpnet øynene og så en flokk reinsdyr som kom trampende gjennom snøen. Reinsdyrene hadde kommet langveisfra og var på jakt etter et sted å hvile før de fortsatte sin lange reise.

Bjørn var skeptisk til å begynne med, men da han så det trøtte uttrykket i øynene deres og hørte historiene om de farlige rovdyrene som lurte i skogen, bestemte han seg for å hjelpe dem. Han vinket dem inn på isflaket sitt og tilbød dem en trygg og varm plass å sove for natten.

Mens reinsdyrene slappet av og hvilte seg, begynte Bjørn å fortelle dem historier om hans eventyr i Arktis. Han fortalte dem om de majestetiske isbreene og de mektige isfjellene, om nordlyset og de fargerike solnedgangene. Og mens han snakket, kunne han se hvordan reinsdyrene ble fylt av beundring for det vakre landskapet som Bjørn kalte sitt hjem.

Da natten falt over Arktis og stjernene tente himmelen, lå Bjørn og reinsdyrene side om side på isflaket, og sovnet med et smil om munnen. Og selv om han var glad for å ha hjulpet dem, var det også noe i Bjørns hjerte som visste at han hadde gjort det rette valget ved å velge vennskap og medfølelse over egoisme og likegyldighet.

Fra den dagen av ble Bjørn kjent som den snille isbjørnen blant vennene sine, og selv om han fortsatt foretrakk å tilbringe dagene liggende på sitt kjære isflak, visste han at han alltid ville være der for å hjelpe de som trengte det. For i hjertet av den late isbjørnen bodde det en varm og medfølende sjel, som visste at noen ganger var det viktigere å være snill enn å være flink.

# The Lazy Polar Bear

Far away in the icy expanses of the Arctic, where the icebergs sparkle in the sunlight and the Northern Lights dance across the sky at night, lived a polar bear named Bjorn. But Bjorn was not like the other polar bears in the area. While the others were busy hunting seals and exploring the snow-covered ice floes, Bjorn preferred to spend his days lying on an ice floe, enjoying the cold breeze and the warmth of the sun's rays.

Bjorn's friends and family shook their heads at him and called him the lazy polar bear. They couldn't understand why he didn't participate in the hunt or help protect their territory. But for Bjorn, there was nothing that could make him leave his beloved ice floe.

One day, while Bjorn was dozing off in the sun, he heard a faint voice calling his name. He opened his eyes and saw a herd of reindeer trudging through the snow. The reindeer had come from far away and were looking for a place to rest before continuing their long journey.

Bjorn was skeptical at first, but when he saw the tired look in their eyes and heard the stories of the dangerous predators lurking in the forest, he decided to help them. He waved them onto his ice floe and offered them a safe and warm place to sleep for the night.

As the reindeer relaxed and rested, Bjorn began to tell them stories of his adventures in the Arctic. He told them about the majestic ice floes and the mighty icebergs, about the Northern Lights and the colorful sunsets. And as he spoke, he could see how the reindeer were filled with admiration for the beautiful landscape that Bjorn called home.

As night fell over the Arctic and the stars lit up the sky, Bjorn and the reindeer lay side by side on the ice floe, falling asleep with a smile on their faces. And although he was glad to have helped them, there was also something in Bjorn's heart that knew he had made the right choice by choosing friendship and compassion over selfishness and indifference.

From that day on, Bjorn was known as the kind polar bear among his friends, and although he still preferred to spend his days lying on his beloved ice floe, he knew that he would always be there to help those in need. For in the heart of the lazy polar bear lived a warm and compassionate soul, who knew that sometimes it was more important to be kind than to be clever.

# Snøen og katten

I den rolige landsbyen Lilleby, dyp inne i de norske skogene, lå et lite hus som ble kalt "Snøhjemmet". Dette var hjemmet til fru Hansen, en eldre enke som bodde alene sammen med sin trofaste katt, Felix. Snøhjemmet var omgitt av høye furutrær og snødekte åser, og om vinteren lå det et tykt teppe av snø over landskapet.

En kald vintermorgen våknet fru Hansen opp til en verden som var dekket av et tykt lag med hvit, fnuggende snø. Hun dro teppet til side og gikk til vinduet for å se på det vinterlige landskapet utenfor. Det var noe magisk med snøen som la seg over trærne og hustakene, og fru Hansen kunne ikke la være å smile ved synet av det.

Men mens hun sto der og beundret snøen, merket hun plutselig at noe beveget seg ved føttene hennes. Hun så ned og oppdaget Felix, katten hennes, som stirret opp på henne med store, forventningsfulle øyne. Felix var alltid full av energi og nysgjerrighet, og fru Hansen visste at han sikkert ville elske å leke ute i snøen.

Så fru Hansen pakket seg og Felix godt inn og åpnet døren til Snøhjemmet. Felix hoppet ut i snøen med en gledefull sprang, og fru Hansen fulgte etter ham, latteren hennes klinger gjennom den stille vintermorgenen. De lekte og utforsket det snødekte landskapet sammen, og Felix virket lykkeligere enn noensinne.

Men mens de var ute og lekte, merket fru Hansen plutselig at Felix begynte å bli urolig. Han stirret intensivt på noe borte i horisonten, og fru Hansen fulgte blikket hans og så en annen katt som kom luskende gjennom snøen. Det var en vakker, hvit katt med blå øyne, og fru Hansen kunne se at den så ut til å være redd og alene.

Felix begynte å løpe mot den fremmede katten, men fru Hansen grep fatt i ham og holdt ham tilbake. Hun visste ikke om den hvite katten var vennlig eller ikke, og hun ville ikke ta noen sjanser med Felix's sikkerhet. Så hun ropte til den hvite katten og ba den om å holde seg borte.

Men i stedet for å løpe vekk, kom den hvite katten nærmere. Den så opp på fru Hansen med sine store, bedende øyne, og fru Hansen kunne se at den var full av frykt og sorg. Hun visste ikke hva hun skulle gjøre, men hun kunne ikke la den stakkars katten være ute alene i den kalde vinteren. Så fru Hansen åpnet forsiktig døren til Snøhjemmet og ba den hvite katten om å komme inn. Til hennes overraskelse gikk den hvite katten mot henne og lot seg bli løftet opp i armene hennes. Hun bar den inn i huset og satte den forsiktig ned på gulvet, og straks kom Felix løpende for å hilse på den nye gjesten.

De tre kattene tilbrakte resten av dagen sammen inne i Snøhjemmet, liggende foran peisen og nyter varmen og tryggheten i hverandres selskap. Fru Hansen visste ikke hvor den hvite katten kom fra eller hvor den hørte hjemme, men det spilte ingen rolle. For i det øyeblikket følte hun at de var en liten familie, bundet sammen av kjærlighet og omsorg for hverandre.

Og selv om vinteren fortsatte å rase utenfor, visste fru Hansen at de ville klare seg gjennom den sammen, fordi de hadde hverandre. For i hjertet av Snøhjemmet, blant de snødekte åsene og de knirkende furutrærne, var det alltid varme og kjærlighet å finne, uansett hvor kaldt det ble utenfor.

# The Snow and the Cat

In the quiet village of Lilleby, deep in the Norwegian forests, there lay a small house called "Snowhome". This was the home of Mrs. Hansen, an elderly widow who lived alone with her faithful cat, Felix. Snowhome was surrounded by tall pine trees and snow-covered hills, and in winter, a thick blanket of snow lay over the landscape.

On a cold winter morning, Mrs. Hansen woke up to a world covered in a thick layer of white, fluffy snow. She pulled back the curtains and went to the window to look at the wintry landscape outside. There was something magical about the snow settling over the trees and rooftops, and Mrs. Hansen couldn't help but smile at the sight of it.

But as she stood there admiring the snow, she suddenly noticed something moving at her feet. She looked down and spotted Felix, her cat, staring up at her with large, expectant eyes. Felix was always full of energy and curiosity, and Mrs. Hansen knew he would surely love to play outside in the snow.

So Mrs. Hansen bundled herself and Felix up warmly and opened the door to Snowhome. Felix leaped out into the snow with a joyful bound, and Mrs. Hansen followed him, her laughter ringing through the quiet winter morning. They played and explored the snow-covered landscape together, and Felix seemed happier than ever.

But as they were out playing, Mrs. Hansen suddenly noticed that Felix began to get restless. He stared intently at something in the distance, and Mrs. Hansen followed his gaze and saw another cat creeping through the snow. It was a beautiful, white cat with blue eyes, and Mrs. Hansen could see that it seemed to be scared and alone.

Felix started to run toward the stranger cat, but Mrs. Hansen grabbed hold of him and held him back. She didn't know if the white cat was friendly or not, and she didn't want to take any chances with Felix's safety. So she called out to the white cat and told it to stay away.

But instead of running away, the white cat came closer. It looked up at Mrs. Hansen with its large, pleading eyes, and Mrs. Hansen could see that it was filled with fear and sadness. She didn't know what to do, but she couldn't leave the poor cat out alone in the cold winter.

So Mrs. Hansen gently opened the door to Snowhome and invited the white cat inside. To her surprise, the white cat approached her and allowed itself to be lifted up into her arms. She carried it inside the house and set it down gently on the floor, and immediately Felix came running to greet the new guest.

The three cats spent the rest of the day together inside Snowhome, lying in front of the fireplace and enjoying the warmth and security of each other's company. Mrs. Hansen didn't know where the white cat had come from or where it belonged, but it didn't matter. For in that moment, she felt that they were a little family, bound together by love and care for each other.

And even though the winter continued to rage outside, Mrs. Hansen knew that they would get through it together, because they had each other. For in the heart of Snowhome, among the snow-covered hills and the creaking pine trees, there was always warmth and love to be found, no matter how cold it got outside.

# Elleve er mitt favorittnummer

I den lille landsbyen Nordby bodde det en ung gutt ved navn Lars. Lars var en livlig og fantasifull gutt som alltid hadde en fascinasjon for tall. Han elsket matematikk og brukte mye tid på å telle, regne og utforske tallenes verden på alle mulige måter.

En dag, mens Lars var ute og lekte i parken, kom han over en mystisk gammel bok som lå gjemt under et tre. Boken var gammel og støvete, men Lars kunne se at den var full av tall og matematiske formler. Han plukket opp boken og blåste støvet av den, og da han åpnet den, oppdaget han at den var full av spennende historier og gåter som involverte tall og tallmønstre.

Lars ble straks fascinert av boken og begynte å lese den med stor iver. Han ble trukket inn i en verden av tallmagi og matematiske mysterier, og han kunne ikke få nok av de spennende historiene og gåtene som boken inneholdt. Han leste og studerte boken dag og natt, og snart begynte han å oppdage at det var et spesielt tall som stadig kom tilbake - tallet elleve. Elleve virket å være overalt i boken - fra antallet stjerner på himmelen til antallet blader på et tre. Lars ble fascinert av tallet elleve og begynte å tro at det hadde en spesiell betydning eller kraft som han ennå ikke helt forsto. Han bestemte seg for å finne ut mer om dette mystiske tallet og hva det kunne bety.

Så Lars begynte å undersøke alt han kunne finne om tallet elleve. Han søkte på nettet, leste bøker og snakket med lærere og eksperter på feltet. Han oppdaget at elleve var et primtall, noe som betyr at det bare kunne deles jevnt med seg selv og en, og at det hadde mange interessante egenskaper og egenskaper som gjorde det til et spesielt og unikt tall.

Men det var noe annet med tallet elleve som Lars fant enda mer fascinerende. Han oppdaget at elleve ofte ble sett på som et lykketall, og at mange mennesker rundt om i verden hadde en spesiell forbindelse med dette tallet. Det var noe magisk og mystisk med elleve som Lars ikke kunne ignorere.

Så Lars begynte å bruke tallet elleve på alle mulige måter i livet sitt. Han telte til elleve når han gikk nedover gaten, han la opp til elleve når han spilte spill, og han begynte til og med å se etter mønstre og sammenhenger som involverte tallet elleve i alt han gjorde. For Lars hadde elleve blitt mer enn bare et tall - det hadde blitt en kilde til inspirasjon og glede i livet hans.

En dag, mens Lars var ute og gikk en tur i parken, kom han over en gammel mann som satt på en benk og mate fuglene. Lars gikk bort til mannen og begynte å snakke med ham om tallet elleve og hans fascinasjon for det. Til hans overraskelse begynte den gamle mannen å smile og nikke og fortalte Lars at han også hadde en spesiell forbindelse med tallet elleve.

Mannen fortalte Lars om hvordan han hadde opplevd mange spesielle hendelser i livet sitt som hadde skjedd på den ellevte dagen i måneden eller på klokkeslett elleve på klokken. Han fortalte også Lars om hvordan han trodde at tallet elleve hadde en spesiell kraft til å bringe lykke og hell til de som trodde på det og hadde tillit til det.

Lars lyttet ivrig til mannen og kunne ikke tro hvor mye de hadde til felles når det gjaldt deres tro på tallet elleve. Han følte en umiddelbar forbindelse med mannen og visste at han hadde funnet en sann venn og mentor som kunne hjelpe ham med å utforske den magiske verden av tallet elleve enda mer.

Så Lars og den gamle mannen begynte å tilbringe mye tid sammen, snakke om tallet elleve og utforske dets mysterier og hemmeligheter sammen. De gikk på turer i parken, løste gåter og oppdaget nye sammenhenger og mønstre som involverte tallet elleve i alt rundt dem. For Lars hadde møtet med den gamle mannen vært mer enn bare en tilfeldighet - det hadde vært en skjebnesvanger begivenhet som hadde ført ham til sin sanne skjebne og oppdagelsen av den magiske verden av tallet elleve.

Og så, mens solen gikk ned over parken og fuglene sang i trærne, fortsatte Lars og den gamle mannen å snakke og le sammen, omgitt av den magiske atmosfæren av tallet elleve som hang over dem.

51

# Eleven is My Favorite Number

In the small village of Nordby lived a young boy named Lars. Lars was a lively and imaginative boy who always had a fascination for numbers. He loved mathematics and spent a lot of time counting, calculating, and exploring the world of numbers in every possible way.

One day, while Lars was playing in the park, he came across a mysterious old book hidden under a tree. The book was old and dusty, but Lars could see that it was full of numbers and mathematical formulas. He picked up the book and blew off the dust, and when he opened it, he discovered that it was full of exciting stories and puzzles involving numbers and numerical patterns.

Lars was immediately fascinated by the book and began reading it eagerly. He was drawn into a world of numerical magic and mathematical mysteries, and he couldn't get enough of the exciting stories and puzzles the book contained. He read and studied the book day and night, and soon he began to discover that there was a special number that kept recurring - the number eleven.

Eleven seemed to be everywhere in the book - from the number of stars in the sky to the number of leaves on a tree. Lars became fascinated with the number eleven and began to believe that it had a special meaning or power that he didn't yet fully understand. He decided to find out more about this mysterious number and what it could mean.

So Lars began to research everything he could find about the number eleven. He searched the internet, read books, and talked to teachers and experts in the field. He discovered that eleven was a prime number, meaning it could only be evenly divided by itself and one, and that it had many interesting properties and characteristics that made it a special and unique number.

But there was something else about the number eleven that Lars found even more fascinating. He discovered that eleven was often seen as a lucky number, and that many people around the world had a special connection to this number. There was something magical and mysterious about eleven that Lars couldn't ignore.

So Lars began to use the number eleven in all sorts of ways in his life. He counted to eleven as he walked down the street, he added up to eleven when he played games, and he even began to look for patterns and connections involving the number eleven in everything he did. For Lars, eleven had become more than just a number - it had become a source of inspiration and joy in his life.

One day, while Lars was out for a walk in the park, he came across an old man sitting on a bench feeding the birds. Lars approached the man and began to talk to him about the number eleven and his fascination with it. To his surprise, the old man began to smile and nod, and told Lars that he too had a special connection to the number eleven.

The man told Lars about how he had experienced many special events in his life that had happened on the eleventh day of the month or at eleven o'clock on the clock. He also told Lars about how he believed that the number eleven had a special power to bring luck and fortune to those who believed in it and had faith in it.

Lars listened eagerly to the man and couldn't believe how much they had in common when it came to their belief in the number eleven. He felt an immediate connection with the man and knew that he had found a true friend and mentor who could help him explore the magical world of the number eleven even more.

So Lars and the old man began to spend a lot of time together, talking about the number eleven and exploring its mysteries and secrets together. They went for walks in the park, solved puzzles, and discovered new connections and patterns involving the number eleven in everything around them. For Lars, the meeting with the old man had been more than just a coincidence - it had been a fateful event that had led him to his true destiny and the discovery of the magical power of the number eleven.

And so, as the sun set over the park and the birds sang in the trees, Lars and the old man continued to talk and laugh together, surrounded by the magical atmosphere of the number eleven that hung over them.

# Vulkanen

I den lille byen Vedfjell lå det en skjult hemmelighet under jorden, en som hadde ligget i dvale i århundrer. Det var en gammel vulkan, en sovende kjempe som ruvet stille og rolig mens den ventet på å våkne til live igjen.

Folk i Vedfjell visste om vulkanen, men de tenkte sjelden på den. Den hadde vært stille i så mange år at mange hadde glemt at den engang hadde eksistert. Livet i Vedfjell gikk sin vante gang, med innbyggerne som arbeidet på gårdene sine og delte glede og sorger med hverandre som de alltid hadde gjort.

Men en dag begynte ting å endre seg. Det begynte med små, nesten umerkelige tegn - rystelser i bakken, små sprekkdannelser i jorden, og en urovekkende røyk som sivet opp fra vulkanens krater. Folk begynte å bli urolige, og ryktene begynte å spre seg gjennom byen som en ildebrann.

Emma, en ung kvinne som hadde vokst opp i Vedfjell, hadde alltid vært nysgjerrig på vulkanen. Hun hadde hørt historiene om dens voldsomme kraft og ødeleggende utbrudd, og hadde alltid drømt om å se den med egne øyne. Nå som vulkanen syntes å våkne til live igjen, kunne Emma knapt tro sin egen lykke - endelig skulle hun få se vulkanen i all sin prakt.

Sammen med noen få andre eventyrlystne sjeler fra byen bestemte Emma seg for å ta seg til vulkanen og se nærmere på hva som foregikk. De utrustet seg med proviant og verktøy og satte av gårde gjennom skogen, mot fjellet der vulkanen lå skjult.

Det var en strabasiøs reise, med bratte stier og tett skog som hindret deres fremgang. Men til slutt, etter mange timers vandring, kom de endelig frem til foten av vulkanen. Det var et mektig syn, med den svarte, kullfargede kraterkanten som ruvet over dem, og den tilsynelatende uendelige dybden som strakte seg ned i jorden under dem.

Men det som møtte dem inne i krateret var enda mer forbløffende. I stedet for å finne en tomme, død overflate, oppdaget de at vulkanen var fylt med liv - frodig vegetasjon, fargerike blomster og eksotiske dyr som hadde funnet ly og næring i det tilsynelatende ugjestmilde miljøet.

Emma og de andre utforsket krateret grundig, fascinert av det rike mangfoldet av liv som de fant der. De oppdaget nye planter og dyr som de aldri hadde sett maken til før, og ble overrasket over hvor mye skjønnhet og livskraft som kunne finnes på et sted som var så tilsynelatende øde.

Men så, akkurat da de trodde de hadde sett alt, begynte vulkanen å vise tegn til aktivitet. Det begynte med dype, rumlende lyder som kom fra jordens indre, og små rystelser som fikk steinene til å danse under føttene deres. Emma og de andre visste at de måtte komme seg ut av krateret så fort som mulig før det var for sent.

De løp så fort de kunne, mens jorden ristet og vulkanen brøt ut i et voldsomt utbrudd av lava og aske. De kjempet seg gjennom den brennende hete, kastet seg ned på bakken og holdt seg fast i hverandre mens de ventet på at det hele skulle være over.

Til slutt, etter en evighet som føltes som en evighet, begynte utbruddet å avta, og stillheten senket seg over krateret igjen. Emma og de andre reiste seg forsiktig opp, støvete og utmattet, men uskadd. De så seg rundt på det ødelagte landskapet rundt dem, og visste at de hadde vært heldige å ha overlevd vulkanens vrede.

Men selv om de hadde vært gjennom en skremmende opplevelse, hadde de også fått oppleve noe utrolig - de hadde fått se vulkanen i all sin kraft og prakt, og oppdage det utrolige mangfoldet av liv som fantes inne i krateret. For Emma og de andre hadde vulkanen ikke bare vært en trussel, den hadde også vært en kilde til inspirasjon og undring, og et bevis på naturens utrolige evne til å overraske og forundre oss.

# The Volcano

In the small town of Vedfjell, there lay a hidden secret beneath the earth, one that had been dormant for centuries. It was an ancient volcano, a sleeping giant that loomed silently while waiting to awaken.

The people of Vedfjell knew about the volcano, but they rarely thought about it. It had been quiet for so many years that many had forgotten it once existed. Life in Vedfjell went on as usual, with the inhabitants working on their farms and sharing joys and sorrows with each other as they always had.

But one day, things began to change. It started with small, almost imperceptible signs - tremors in the ground, small cracks forming in the earth, and a troubling smoke seeping from the volcano's crater. People began to grow anxious, and rumors began to spread through the town like wildfire.

Emma, a young woman who had grown up in Vedfjell, had always been curious about the volcano. She had heard the stories of its powerful force and destructive eruptions, and had always dreamed of seeing it with her own eyes. Now that the volcano seemed to be coming back to life, Emma could hardly believe her own luck - finally, she would get to see the volcano in all its glory.

Together with a few other adventurous souls from the town, Emma decided to make her way to the volcano and investigate what was happening. They equipped themselves with provisions and tools and set off through the forest, towards the mountain where the volcano lay hidden.

It was a strenuous journey, with steep paths and dense forest hindering their progress. But eventually, after many hours of hiking, they finally arrived at the foot of the volcano. It was a majestic sight, with the black, coal-colored crater rim looming over them, and the seemingly endless depth stretching down into the earth below them.

But what met them inside the crater was even more astonishing. Instead of finding a barren, lifeless surface, they discovered that the volcano was teeming with life - lush vegetation, colorful flowers, and exotic animals that had found shelter and nourishment in the seemingly inhospitable environment.

Emma and the others explored the crater thoroughly, fascinated by the rich diversity of life they found there. They discovered new plants and animals they had never seen before, and were amazed at how much beauty and vitality could exist in a place that seemed so desolate.

But then, just as they thought they had seen everything, the volcano began to show signs of activity. It started with deep, rumbling sounds coming from the depths of the earth, and small tremors that made the rocks dance under their feet. Emma and the others knew they had to get out of the crater as quickly as possible before it was too late.

They ran as fast as they could, while the ground shook and the volcano erupted in a violent outburst of lava and ash. They fought their way through the burning heat, threw themselves to the ground, and held on to each other as they waited for it all to be over.

Finally, after what felt like an eternity, the eruption began to subside, and silence descended over the crater again. Emma and the others cautiously rose to their feet, dusty and exhausted, but unharmed. They looked around at the devastated landscape around them, and knew they had been lucky to survive the volcano's wrath.

But even though they had been through a terrifying experience, they had also experienced something incredible - they had seen the volcano in all its power and glory, and discovered the incredible diversity of life that existed inside the crater. For Emma and the others, the volcano had not only been a threat, it had also been a source of inspiration and wonder, and proof of nature's incredible ability to surprise and astonish us.